Table des matières

Introduction

Importance de la Cybersécurité pour les Petites Entreprises

Dans le monde numérique d'aujourd'hui, les petites entreprises sont de plus en plus vulnérables aux cyberattaques. Contrairement à une croyance répandue, les cybercriminels ne ciblent pas seulement les grandes entreprises ; en réalité, les petites entreprises sont souvent des cibles privilégiées en raison de leurs mesures de sécurité généralement moins robustes. Une seule cyberattaque peut avoir des conséquences dévastatrices, allant de la perte de données sensibles à des perturbations opérationnelles majeures, sans parler des coûts financiers et de la réputation entachée.

Objectifs de ce Guide

Ce guide pratique vise à fournir aux propriétaires de petites entreprises et aux responsables informatiques les connaissances nécessaires pour mettre en place des mesures de sécurité efficaces et abordables. En suivant les recommandations présentées ici, vous pourrez :

1. **Comprendre les Menaces Informatiques Courantes** : Familiarisez-vous avec les types de cyberattaques qui pourraient cibler votre entreprise, comme les logiciels malveillants, le phishing et le ransomware.
2. **Élaborer une Stratégie de Sécurité** : Apprenez à évaluer les risques et à définir des priorités pour protéger vos actifs les plus précieux.
3. **Implémenter des Mesures de Sécurité Essentielles** : Découvrez comment utiliser des logiciels antivirus, configurer des pare-feu, et maintenir vos systèmes à jour pour prévenir les intrusions.
4. **Sécuriser Vos Réseaux et Données** : Mettez en œuvre des solutions comme les VPN et le cryptage des données pour protéger vos informations sensibles.

5. **Former et Sensibiliser Vos Employés** : Formez votre équipe aux bonnes pratiques de cybersécurité pour réduire les risques liés aux erreurs humaines.
6. **Préparer une Réponse aux Incidents** : Développez un plan d'intervention pour minimiser l'impact d'une éventuelle cyberattaque et assurer une récupération rapide.

Comment Utiliser ce Guide

Ce guide est structuré de manière à être facilement compréhensible et actionnable, même pour ceux qui n'ont pas de formation technique approfondie. Chaque chapitre traite d'un aspect clé de la cybersécurité, accompagné de conseils pratiques et d'exemples concrets. Vous trouverez également des outils et des ressources recommandés, ainsi que des modèles de politiques de sécurité et des checklists pour vous aider à évaluer et améliorer votre posture de sécurité.

En investissant un peu de temps et de ressources dans les mesures de cybersécurité décrites dans ce guide, vous pouvez grandement réduire les risques et protéger votre entreprise contre les menaces numériques croissantes. Soyez proactif, informez-vous, et prenez les mesures nécessaires pour sécuriser votre entreprise dès aujourd'hui.

Chapitre 1: Comprendre les Menaces

Introduction aux Menaces Informatiques

Dans le paysage numérique actuel, les menaces informatiques représentent un danger croissant pour les entreprises de toutes tailles. Les cybercriminels exploitent des vulnérabilités pour accéder aux systèmes, voler des informations sensibles et perturber les opérations. Comprendre ces menaces est essentiel pour mettre en place des mesures de protection efficaces. Dans ce chapitre, nous explorerons les types de menaces les plus courants auxquels les petites entreprises sont confrontées et leurs impacts potentiels.

Types de Menaces

1. **Malware** : Le malware, ou logiciel malveillant, est un terme générique qui englobe une variété de programmes informatiques conçus pour causer

des dommages ou des perturbations. Les types de malware incluent les virus, les vers, les chevaux de Troie et les logiciels espions. Les malwares peuvent entraîner la perte de données, le vol d'informations sensibles et la perturbation des opérations commerciales. Par exemple, un cheval de Troie peut permettre à un attaquant de prendre le contrôle d'un système sans que l'utilisateur en soit conscient.

2. **Phishing** : Le phishing est une technique utilisée par les cybercriminels pour tromper les utilisateurs et leur soutirer des informations sensibles, telles que des mots de passe et des informations financières. Les attaques de phishing sont souvent menées via des e-mails ou des sites web falsifiés qui semblent légitimes. Par exemple, un employé peut recevoir un e-mail prétendant provenir de son institution bancaire, demandant de vérifier des informations de compte, mais qui en réalité redirige vers un site de phishing.

3. **Ransomware** : Le ransomware est un type de malware qui crypte les fichiers d'un ordinateur ou d'un réseau et demande une rançon en échange de la clé de déchiffrement. Les attaques de ransomware peuvent paralyser les opérations d'une entreprise et entraîner des pertes financières importantes si la rançon n'est pas payée. Un exemple notable est l'attaque de ransomware WannaCry de 2017, qui a affecté des milliers d'organisations à travers le monde, y compris des hôpitaux et des entreprises.

Impacts des Menaces

Les cyberattaques peuvent avoir des conséquences dévastatrices pour les entreprises, y compris :

- **Pertes Financières** : Les coûts associés aux cyberattaques incluent les rançons, les réparations de systèmes, et les pertes de revenus dues aux interruptions d'activité.

- **Perte de Données** : Les données critiques et sensibles peuvent être volées ou perdues, ce qui peut affecter la continuité des activités et la confiance des clients.
- **Atteinte à la Réputation** : Une cyberattaque peut gravement endommager la réputation d'une entreprise, entraînant une perte de clients et de partenariats commerciaux.
- **Sanctions Légales** : Les entreprises peuvent être confrontées à des sanctions pour non-conformité aux réglementations de protection des données, telles que le RGPD en Europe.

Exemples de Cyberattaques

1. **Entreprise de Logistique XYZ** : En 2022, l'entreprise de logistique XYZ a été victime d'une attaque de ransomware qui a paralysé ses opérations pendant plusieurs jours. Les pirates ont exigé une rançon de 100 000 dollars pour déverrouiller les fichiers cryptés. L'entreprise a subi des pertes financières importantes en raison

de l'arrêt des opérations et des coûts de récupération des données.

2. **Société ABC** : En 2023, la société ABC a été victime d'une campagne de phishing sophistiquée. Les employés ont reçu des e-mails prétendant provenir du département informatique interne, demandant de réinitialiser leurs mots de passe. Plusieurs employés ont fourni leurs identifiants, permettant aux attaquants d'accéder aux systèmes internes et de voler des informations de carte de crédit de milliers de clients. La société a dû payer des amendes réglementaires et a perdu la confiance de nombreux clients.

Conclusion

Comprendre les menaces informatiques est la première étape pour protéger votre entreprise contre ces dangers potentiels. En identifiant les types de menaces les plus courants et en comprenant leurs impacts, vous serez mieux préparé à mettre en place des mesures de sécurité efficaces pour protéger vos actifs les plus précieux. Dans les chapitres suivants, nous explorerons en détail les stratégies et les outils nécessaires pour renforcer la sécurité de votre entreprise face à ces menaces.

Chapitre 2: Mettre en Place une Stratégie de Sécurité

Introduction

L'élaboration d'une stratégie de sécurité robuste est cruciale pour protéger votre entreprise contre les menaces numériques. Une approche proactive permet non seulement de prévenir les cyberattaques mais aussi de minimiser leur impact en cas d'incident. Dans ce chapitre, nous vous guiderons à travers les étapes essentielles pour créer et mettre en œuvre une stratégie de sécurité informatique efficace pour votre petite entreprise.

Analyse des Risques

La première étape pour sécuriser votre entreprise consiste à réaliser une analyse des risques. Cela vous permettra d'identifier les vulnérabilités de votre système et de comprendre quelles menaces sont les plus probables et les plus dangereuses pour votre organisation. Voici les étapes pour effectuer une analyse des risques :

1. **Inventaire des Actifs** :
   - **Identification** : Dressez une liste exhaustive de tous vos actifs numériques, y compris les ordinateurs, serveurs, logiciels, applications, bases de données, et tout équipement connecté au réseau.
   - **Valorisation** : Évaluez l'importance de chaque actif pour votre entreprise. Certains actifs, comme les bases de données clients, peuvent être plus critiques que d'autres.
2. **Évaluation des Vulnérabilités** :
   - **Logiciels** : Identifiez les logiciels obsolètes ou non sécurisés qui pourraient être exploités par des cybercriminels.
   - **Configurations** : Vérifiez les configurations système pour s'assurer

qu'elles respectent les meilleures
pratiques de sécurité.
- o **Accès** : Examinez les permissions d'accès
et assurez-vous que seules les personnes
autorisées peuvent accéder aux
informations sensibles.
3. **Analyse des Menaces** :
- o **Types de Menaces** : Déterminez les types
de menaces auxquels votre entreprise
pourrait être exposée, comme les
malwares, le phishing, ou les attaques par
déni de service (DDoS).
- o **Sources de Menaces** : Identifiez les
sources potentielles de menaces, qu'elles
soient internes (employés malveillants) ou
externes (hackers, concurrents).
4. **Évaluation de l'Impact** :
- o **Impact Financier** : Évaluez les
conséquences financières potentielles de
chaque menace, y compris les coûts de
réparation, de rançon, et de perte de
revenus.

- Impact Opérationnel : Considérez les interruptions d'activité et les délais de récupération.
- Impact Réputationnel : Évaluez les dommages potentiels à la réputation de votre entreprise en cas de violation de données.

Définition des Priorités de Sécurité

Une fois l'analyse des risques terminée, il est crucial de définir des priorités de sécurité. Celles-ci doivent être basées sur l'importance des actifs, la probabilité des menaces et l'impact potentiel. Voici comment vous pouvez définir et organiser vos priorités de sécurité :

1. **Protection des Données Sensibles** :
   - **Cryptage** : Utilisez des techniques de cryptage pour protéger les données sensibles, qu'elles soient stockées ou en transit.

- **Contrôle d'Accès** : Implémentez des contrôles d'accès stricts pour assurer que seules les personnes autorisées peuvent accéder aux informations sensibles.
- **Sauvegardes** : Mettez en place des sauvegardes régulières des données critiques pour éviter les pertes en cas de cyberattaque.

2. **Sécurisation des Systèmes et des Réseaux** :
   - **Pare-feu** : Configurez des pare-feu pour surveiller et contrôler le trafic réseau entrant et sortant.
   - **Antivirus et Anti-malware** : Installez des logiciels antivirus et anti-malware sur tous les appareils pour détecter et éliminer les menaces.
   - **Mises à Jour** : Assurez-vous que tous les systèmes et logiciels sont régulièrement mis à jour pour corriger les vulnérabilités.

3. **Formation des Employés** :
   - **Sensibilisation** : Organisez des sessions de formation pour sensibiliser vos

employés aux bonnes pratiques de cybersécurité, comme la reconnaissance des e-mails de phishing.

- o **Politiques de Sécurité** : Élaborez et diffusez des politiques de sécurité claires, couvrant des aspects tels que la gestion des mots de passe et l'utilisation des dispositifs personnels.
- o **Exercices de Simulation** : Effectuez des exercices de simulation de cyberattaques pour évaluer la réactivité de vos employés et affiner vos plans de réponse.

4. **Plans de Réponse aux Incidents** :

- o **Développement** : Créez un plan détaillé de réponse aux incidents qui décrit les étapes à suivre en cas de cyberattaque.
- o **Équipe de Réponse** : Formez une équipe dédiée à la réponse aux incidents, avec des rôles et des responsabilités clairement définis.
- o **Tests et Améliorations** : Testez régulièrement votre plan de réponse aux

incidents et apportez des améliorations
basées sur les résultats des tests.

Exemple de Plan d'Action

Voici un exemple de plan d'action basé sur une analyse
des risques typique pour une petite entreprise :

1. **Court Terme (1-3 mois)** :
   o **Mises à Jour** : Assurez-vous que tous les
     systèmes et logiciels sont à jour avec les
     derniers correctifs de sécurité.
   o **Antivirus et Pare-feu** : Installez et
     configurez des logiciels antivirus et des
     pare-feu sur tous les appareils.
   o **Formation Initiale** : Organisez une
     session de formation de base en
     cybersécurité pour tous les employés.
2. **Moyen Terme (3-6 mois)** :
   o **Sauvegardes** : Mettez en place un
     système de sauvegarde régulier pour
     toutes les données critiques.

- Politiques de Sécurité : Développez et mettez en œuvre des politiques de sécurité, comme une politique de gestion des mots de passe et une politique d'utilisation acceptable des ressources informatiques.
- Tests de Phishing : Organisez des tests de phishing pour évaluer la vigilance des employés et améliorer la formation si nécessaire.

3. Long Terme (6-12 mois) :
   - Audits de Sécurité : Effectuez des audits de sécurité réguliers pour identifier et corriger les nouvelles vulnérabilités.
   - Détection et Réponse : Mettez en place des systèmes de détection et de réponse aux intrusions pour surveiller les activités suspectes et y répondre rapidement.
   - Formation Continue : Continuez la formation avancée en cybersécurité et organisez des exercices de réponse aux

incidents pour maintenir la préparation de votre équipe.

Conclusion

Mettre en place une stratégie de sécurité efficace est essentiel pour protéger votre entreprise contre les menaces informatiques. En suivant les étapes décrites dans ce chapitre, vous serez mieux préparé à identifier, évaluer et atténuer les risques, tout en créant un environnement sécurisé pour vos opérations commerciales. Dans les chapitres suivants, nous aborderons en détail les mesures de sécurité spécifiques que vous pouvez mettre en œuvre pour renforcer encore davantage la défense de votre entreprise contre les cyberattaques.

Chapitre 3: Mesures de Sécurité Essentielles

Introduction

La mise en œuvre de mesures de sécurité essentielles est cruciale pour protéger les actifs numériques de votre entreprise contre les cyberattaques. Dans ce chapitre, nous explorerons en détail trois mesures clés : l'utilisation de logiciels antivirus et anti-malware, la configuration de pare-feu et la mise à jour régulière des systèmes et des logiciels. Ces pratiques forment la base d'une stratégie de cybersécurité efficace et sont indispensables pour toute entreprise souhaitant sécuriser ses systèmes informatiques et réseaux.

Utilisation de Logiciels Antivirus et Anti-Malware

1. **Importance des Logiciels Antivirus et Anti-Malware**

- o Les logiciels antivirus et anti-malware jouent un rôle crucial dans la protection de vos appareils contre les menaces en ligne. Ils sont conçus pour détecter, analyser et éliminer les logiciels malveillants avant qu'ils ne causent des dommages.
- o Ces outils protègent contre une variété de menaces, y compris les virus, les vers, les chevaux de Troie, les ransomwares et les logiciels espions.
- o En plus de la protection active, ces logiciels offrent des fonctionnalités telles que la quarantaine des fichiers suspects, la suppression automatique des menaces et la surveillance en temps réel du comportement des fichiers.

2. **Sélection et Installation**
   - o **Choix des Outils** : Sélectionnez des logiciels antivirus et anti-malware de qualité, en tenant compte des recommandations d'experts et des avis des utilisateurs. Des solutions comme Norton,

McAfee, Bitdefender et Kaspersky sont largement reconnues pour leur efficacité.

- o **Installation** : Installez ces logiciels sur tous les appareils utilisés dans votre entreprise, y compris les ordinateurs de bureau, les portables, les serveurs et les appareils mobiles. Assurez-vous que chaque installation est configurée pour des mises à jour automatiques et des analyses régulières.
- o **Configuration Initiale** : Lors de l'installation, configurez les paramètres de sécurité de manière optimale. Activez toutes les fonctionnalités de protection offertes par le logiciel et planifiez des analyses complètes régulières, de préférence en dehors des heures de travail pour minimiser l'impact sur la productivité.

3. **Configuration et Gestion**
   - o **Paramètres de Sécurité** : Configurez les logiciels pour qu'ils effectuent des

analyses complètes et régulières de tous les fichiers et dossiers. Activez les fonctions de protection en temps réel pour une surveillance continue.

- **Notifications et Rapports** : Configurez des alertes et des notifications pour être informé immédiatement de toute menace détectée. Utilisez les rapports de sécurité pour suivre les incidents et prendre des mesures correctives.
- **Gestion Centralisée** : Si possible, utilisez une console de gestion centralisée pour superviser les logiciels antivirus et anti-malware sur tous les appareils de votre réseau. Cela permet de déployer des politiques de sécurité uniformes, de surveiller l'état de la sécurité en temps réel et de réagir rapidement en cas d'incident.

Configuration de Pare-Feu

1. **Fonctionnement des Pare-Feu**

- Un pare-feu agit comme une barrière de protection entre votre réseau interne et les menaces externes. Il surveille et contrôle le trafic réseau entrant et sortant en fonction de règles de sécurité prédéfinies.
- Les pare-feu peuvent être matériels (dispositifs dédiés) ou logiciels (programmes installés sur les ordinateurs).
- Ils jouent un rôle essentiel en bloquant les tentatives d'intrusion, en filtrant le trafic réseau non autorisé et en empêchant les utilisateurs non autorisés d'accéder à des ressources internes.

2. **Types de Pare-Feu**
   - **Pare-Feu Matériel** : Ces dispositifs sont placés entre votre réseau et Internet, offrant une protection robuste contre les attaques externes. Ils sont particulièrement utiles pour les réseaux d'entreprise.
   - **Pare-Feu Logiciel** : Installés sur des ordinateurs individuels, ils fournissent une protection supplémentaire contre les

menaces internes et externes. Windows
Defender Firewall et macOS Firewall sont
des exemples de pare-feu logiciels
courants.

- o **Pare-Feu de Nouvelle Génération
  (NGFW)** : Ces pare-feu avancés intègrent
  des fonctionnalités supplémentaires telles
  que l'inspection approfondie des paquets,
  la prévention des intrusions (IPS), et la
  détection des menaces basées sur le
  comportement. Ils offrent une protection
  plus complète contre les attaques
  sophistiquées.

3. **Configuration et Maintenance**

- o **Définition des Règles** : Établissez des
  règles de sécurité strictes pour contrôler le
  trafic réseau. Bloquez les ports inutilisés
  et limitez les connexions entrantes aux
  seules adresses IP et ports nécessaires.
- o **Mises à Jour** : Mettez régulièrement à
  jour les règles et les configurations de
  votre pare-feu pour répondre aux

nouvelles menaces. Cela inclut l'ajustement des paramètres en fonction des évaluations de risque et des audits de sécurité.

- o **Surveillance et Journalisation** : Utilisez des fonctionnalités de surveillance pour suivre les tentatives d'accès non autorisées et les activités suspectes. Analysez les journaux de pare-feu pour identifier les anomalies et prendre des mesures correctives.
- o **Segmentation du Réseau** : Implémentez la segmentation du réseau pour limiter la portée des éventuelles intrusions. En séparant les réseaux internes en segments plus petits et en contrôlant strictement le trafic entre eux, vous réduisez le risque de propagation d'une attaque.

Mise à Jour Régulière des Systèmes et des Logiciels

1. **Importance des Mises à Jour**

- Les mises à jour logicielles corrigent souvent des vulnérabilités de sécurité qui pourraient être exploitées par des cybercriminels. Elles améliorent également les fonctionnalités et la stabilité des systèmes.
- Ignorer les mises à jour expose vos systèmes à des risques accrus d'infection et de compromission.
- Les cybercriminels exploitent fréquemment les failles de sécurité dans les logiciels obsolètes pour lancer des attaques. Par conséquent, le maintien des logiciels à jour est une des premières lignes de défense contre les menaces.

2. **Processus de Mise à Jour**
   - **Automatisation** : Activez les mises à jour automatiques pour vos systèmes d'exploitation, applications et logiciels de sécurité. Cela garantit que vous bénéficiez des dernières protections sans intervention manuelle.

- o **Patch Management** : Utilisez des outils de gestion des correctifs (patch management) pour surveiller, tester et déployer les mises à jour sur tous les appareils de votre réseau. Microsoft WSUS et SolarWinds Patch Manager sont des exemples de solutions de gestion des correctifs.
- o **Testing** : Testez les mises à jour dans un environnement de test avant de les déployer en production. Cela permet d'identifier et de résoudre les problèmes potentiels qui pourraient affecter les opérations de l'entreprise.

3. **Bonnes Pratiques**
   - o **Évaluation des Mises à Jour** : Avant de déployer une mise à jour, évaluez son impact potentiel sur vos systèmes et applications. Testez les mises à jour dans un environnement de test pour identifier et résoudre les problèmes avant le déploiement.

- o **Planification des Mises à Jour** : Planifiez les mises à jour pendant les périodes de faible activité pour minimiser les perturbations. Informez les utilisateurs des mises à jour prévues et des éventuelles interruptions de service.
- o **Documentation et Suivi** : Documentez toutes les mises à jour effectuées, y compris les dates de déploiement et les systèmes affectés. Utilisez ces informations pour auditer et améliorer votre processus de mise à jour.
- o **Coordination** : Impliquez toutes les parties prenantes pertinentes, y compris les équipes informatiques et les utilisateurs finaux, pour garantir que les mises à jour sont appliquées de manière fluide et coordonnée.

Conclusion

La mise en place de mesures de sécurité essentielles
telles que l'utilisation de logiciels antivirus et anti-
malware, la configuration de pare-feu et la mise à jour
régulière des systèmes et des logiciels est indispensable
pour protéger votre entreprise contre les cybermenaces.
En adoptant ces pratiques, vous renforcez les défenses de
vos systèmes informatiques et réduisez les risques
d'attaques. Dans les chapitres suivants, nous explorerons
d'autres aspects cruciaux de la cybersécurité, y compris
la formation des employés et la gestion des incidents de
sécurité.

Chapitre 4: Sécuriser les Réseaux et les Données

Introduction

Sécuriser les réseaux et les données est un élément essentiel de toute stratégie de cybersécurité. Dans ce chapitre, nous allons explorer trois mesures clés pour protéger votre entreprise contre les cybermenaces : l'utilisation de réseaux privés virtuels (VPN), le cryptage des données sensibles et la sécurisation des points d'accès Wi-Fi. Ces pratiques vous aideront à renforcer la sécurité de vos communications et de vos informations critiques.

Utilisation de Réseaux Privés Virtuels (VPN)

1. **Fonctionnement des VPN**
   - Les Réseaux Privés Virtuels (VPN) encryptent votre connexion Internet, rendant les données en transit illisibles pour les cybercriminels. Cela protège vos

informations sensibles lorsque vous
accédez à Internet.

- o Les VPN créent un tunnel sécurisé entre
  votre appareil et le serveur VPN,
  masquant votre adresse IP et votre
  emplacement. Cela empêche les tiers
  d'intercepter et de surveiller votre trafic en
  ligne.

2. **Avantages de l'Utilisation des VPN**

- o **Sécurité des Données** : En cryptant toutes
  les communications, les VPN protègent
  les données sensibles contre les
  interceptions, en particulier lors de
  l'utilisation de réseaux Wi-Fi publics.
- o **Confidentialité en Ligne** : Les VPN
  masquent votre adresse IP, protégeant
  ainsi votre identité et vos activités en
  ligne.
- o **Accès à Distance Sécurisé** : Les VPN
  permettent aux employés de se connecter
  en toute sécurité au réseau de l'entreprise

à distance, garantissant la continuité des opérations même en dehors du bureau.

3. **Choix et Utilisation d'un VPN**
   - **Sélection d'un VPN Fiable** : Optez pour un fournisseur de VPN réputé qui offre un cryptage fort, une politique de non-journalisation et une protection contre les fuites DNS. Des options populaires incluent NordVPN, ExpressVPN et CyberGhost.
   - **Configuration et Utilisation** : Installez le logiciel VPN sur tous les appareils utilisés par les employés. Configurez le VPN pour qu'il se connecte automatiquement lors de l'accès à Internet, en particulier sur les réseaux non sécurisés.
   - **Formation des Utilisateurs** : Éduquez vos employés sur l'importance d'utiliser le VPN, surtout lorsqu'ils se connectent à des réseaux Wi-Fi publics ou accèdent à des données sensibles à distance.

Cryptage des Données Sensibles

1. **Importance du Cryptage des Données**
   - Le cryptage transforme les données en un format illisible sans une clé de décryptage, protégeant ainsi les informations sensibles contre l'accès non autorisé.
   - Cette mesure est essentielle pour protéger les informations critiques telles que les données clients, les informations financières et les secrets commerciaux, tant en transit qu'au repos.

2. **Types de Cryptage**
   - **Cryptage des Données en Transit** : Utilisez des protocoles de cryptage comme SSL/TLS pour sécuriser les communications sur Internet. Cela inclut le cryptage des e-mails, des transactions en ligne et des transferts de fichiers.
   - **Cryptage des Données au Repos** : Protégez les données stockées sur les serveurs, les bases de données et les

dispositifs de stockage par des algorithmes de cryptage tels que AES-256. Cela garantit que les données restent sécurisées même si le dispositif est compromis.

3. **Mise en Œuvre du Cryptage**
   - **Solutions de Cryptage** : Utilisez des solutions de cryptage intégrées dans les systèmes d'exploitation et les applications, comme BitLocker pour Windows et FileVault pour macOS. Pour les bases de données, implémentez le cryptage au niveau de la base de données ou des colonnes.
   - **Gestion des Clés de Cryptage** : Assurez-vous que les clés de cryptage sont gérées de manière sécurisée. Utilisez des solutions de gestion des clés (KMS) pour générer, stocker et gérer les clés de cryptage de manière sécurisée.
   - **Conformité et Régulations** : Respectez les normes et régulations relatives à la

protection des données, comme le RGPD en Europe, qui exigent l'utilisation de techniques de cryptage pour protéger les informations personnelles des clients.

Sécurisation des Points d'Accès Wi-Fi

1. **Vulnérabilités des Réseaux Wi-Fi**
   - Les réseaux Wi-Fi sont souvent la cible de cyberattaques en raison de leurs vulnérabilités inhérentes. Les attaquants peuvent intercepter les communications sans fil, accéder au réseau interne et exécuter des attaques de type "man-in-the-middle".
2. **Mesures de Sécurité pour les Points d'Accès Wi-Fi**
   - **Utilisation de Protocoles de Sécurité** : Utilisez des protocoles de sécurité Wi-Fi robustes comme WPA3 pour protéger les réseaux sans fil. WPA3 offre des améliorations significatives en matière de

cryptage et de protection contre les
attaques par force brute par rapport à ses
prédécesseurs (WPA2).

- **Mots de Passe Forts** : Configurez des
  mots de passe forts et uniques pour vos
  réseaux Wi-Fi. Changez ces mots de passe
  régulièrement pour éviter qu'ils ne soient
  compromis.
- **SSID Masqué et Filtrage MAC** :
  Masquez le SSID de votre réseau pour le
  rendre moins visible aux attaquants.
  Utilisez le filtrage des adresses MAC pour
  limiter l'accès aux appareils autorisés
  seulement.

3. **Gestion et Surveillance des Réseaux Wi-Fi**
   - **Séparation des Réseaux** : Créez des
     réseaux séparés pour les invités et pour les
     opérations internes. Cela empêche les
     utilisateurs non autorisés d'accéder aux
     ressources critiques de l'entreprise.
   - **Surveillance Continue** : Utilisez des
     outils de surveillance des réseaux sans fil

pour détecter et répondre aux activités suspectes. Surveillez les connexions et les tentatives d'accès non autorisées pour identifier les menaces potentielles en temps réel.

- o **Mises à Jour et Patches** : Assurez-vous que tous les points d'accès Wi-Fi et les routeurs sont régulièrement mis à jour avec les derniers correctifs de sécurité. Les mises à jour corrigent les vulnérabilités connues et renforcent la sécurité du réseau.

Conclusion

Sécuriser les réseaux et les données de votre entreprise est essentiel pour prévenir les cyberattaques et protéger les informations sensibles. En utilisant des VPN pour sécuriser les connexions Internet, en cryptant les données sensibles et en sécurisant les points d'accès Wi-Fi, vous pouvez réduire considérablement les risques de compromission. Ces mesures de sécurité, lorsqu'elles sont mises en œuvre correctement, offrent une protection robuste contre les menaces courantes et renforcent la résilience de votre entreprise face aux cyberattaques. Dans les prochains chapitres, nous explorerons d'autres aspects critiques de la cybersécurité, y compris la formation des employés et la gestion des incidents de sécurité.

Chapitre 5: Formation et Sensibilisation des Employés

Introduction

La formation et la sensibilisation des employés sont des éléments cruciaux pour renforcer la cybersécurité d'une entreprise. Les employés peuvent être la première ligne de défense contre les cyberattaques lorsqu'ils sont correctement informés et formés sur les bonnes pratiques de sécurité. Dans ce chapitre, nous aborderons l'importance des programmes de formation sur la cybersécurité, les bonnes pratiques pour les mots de passe et la reconnaissance des tentatives de phishing.

Programmes de Formation sur la Cybersécurité

1. **Importance de la Formation**
   o Les cybermenaces évoluent constamment, rendant indispensable la mise à jour

régulière des connaissances des employés en matière de cybersécurité.

- o Les programmes de formation sur la cybersécurité aident les employés à comprendre les risques et à adopter des comportements sécuritaires qui réduisent les chances de compromission.

2. **Organisation des Sessions de Formation**
   - o **Fréquence et Format** : Organisez des sessions de formation régulières, au moins une fois par trimestre, pour maintenir un haut niveau de vigilance. Utilisez des formats variés comme des ateliers en présentiel, des webinaires et des modules de formation en ligne pour répondre aux préférences d'apprentissage des différents employés.
   - o **Contenu** : Couvrez les sujets essentiels tels que la reconnaissance des e-mails de phishing, l'importance des mises à jour logicielles, l'utilisation sécurisée des

réseaux Wi-Fi et les bonnes pratiques pour la gestion des mots de passe.

- o **Simulations d'Attaques** : Intégrez des simulations d'attaques de phishing dans vos programmes de formation. Ces exercices pratiques aident les employés à reconnaître les tentatives de phishing réelles et à réagir de manière appropriée.

3. **Évaluation et Amélioration Continue**
   - o **Tests et Évaluations** : Après chaque session de formation, évaluez les connaissances des employés à travers des quiz ou des tests. Utilisez les résultats pour identifier les domaines qui nécessitent une formation supplémentaire.
   - o **Feedback** : Recueillez régulièrement des retours d'information de la part des employés sur les programmes de formation. Ajustez le contenu et le format en fonction de leurs suggestions et des évolutions des menaces.

Bonnes Pratiques pour les Mots de Passe

1. **Encourager l'Utilisation de Mots de Passe Forts et Uniques**
   - Les mots de passe forts sont une première ligne de défense contre les cyberattaques. Encouragez les employés à utiliser des mots de passe complexes comprenant des lettres majuscules et minuscules, des chiffres et des caractères spéciaux.
   - **Politique de Mots de Passe** : Établissez une politique de mots de passe claire qui exige des mots de passe uniques pour chaque compte et un changement régulier (tous les 3 à 6 mois).
2. **Utilisation de Gestionnaires de Mots de Passe**
   - Les gestionnaires de mots de passe aident à stocker et à gérer des mots de passe complexes et uniques pour chaque compte. Recommandez des gestionnaires de mots de passe fiables comme LastPass, Dashlane ou 1Password.

- o **Formation à l'Utilisation** : Formez les employés à l'utilisation des gestionnaires de mots de passe pour qu'ils puissent créer, stocker et remplir automatiquement des mots de passe sécurisés sans difficulté.
3. **Implémentation de l'Authentification à Deux Facteurs (2FA)**
   - o **Sécurité Supplémentaire** : L'authentification à deux facteurs ajoute une couche supplémentaire de sécurité en demandant une deuxième forme d'identification, comme un code envoyé par SMS ou généré par une application d'authentification.
   - o **Activation** : Encouragez les employés à activer 2FA sur tous les comptes sensibles, y compris les comptes de messagerie, les services bancaires en ligne et les applications d'entreprise.

Reconnaissance des Tentatives de Phishing

1. **Enseignement des Signes Courants de Phishing**
   - ○ Les e-mails de phishing sont souvent déguisés en communications légitimes pour tromper les destinataires. Enseignez aux employés à reconnaître les signes courants de phishing tels que les erreurs de grammaire, les adresses e-mail suspectes, les demandes d'informations personnelles et les liens non vérifiés.
   - ○ **Exemples Réels** : Fournissez des exemples réels d'e-mails de phishing pour illustrer les points à surveiller. Analysez ensemble les éléments suspects pour renforcer leur capacité à détecter les tentatives de phishing.
2. **Procédures à Suivre en Cas de Doute**
   - ○ **Vérification** : Encouragez les employés à vérifier l'authenticité des e-mails suspects en contactant directement l'expéditeur via un canal de communication connu et fiable.

- **Signaler les Tentatives** : Mettez en place une procédure claire pour signaler les tentatives de phishing. Les employés doivent savoir à qui signaler les e-mails suspects et quels détails inclure dans leur rapport.
- **Alerte et Remédiation** : Sensibilisez les employés à l'importance de signaler rapidement les incidents de phishing pour permettre une réponse rapide et limiter les dommages potentiels.

3. **Formation Continue**
   - **Actualisation Régulière** : Maintenez les connaissances des employés à jour en incluant des modules de formation sur le phishing dans vos sessions de formation régulières. Utilisez des scénarios actualisés et des menaces émergentes pour garder les employés alertes.
   - **Campagnes de Sensibilisation** : Lancez des campagnes de sensibilisation périodiques avec des bulletins

d'information, des affiches et des rappels
sur les bonnes pratiques de cybersécurité.

o

Conclusion

La formation et la sensibilisation des employés sont
essentielles pour créer une culture de sécurité au sein de
votre entreprise. En organisant des programmes de
formation réguliers, en encourageant les bonnes pratiques
pour les mots de passe et en enseignant la reconnaissance
des tentatives de phishing, vous pouvez réduire
considérablement les risques de cyberattaques. Dans les
chapitres suivants, nous aborderons des stratégies
avancées pour la gestion des incidents de sécurité et la
mise en place de politiques de sécurité robustes.

Chapitre 6: Plan de Réponse aux Incidents

Introduction

Face à la menace croissante des cyberattaques, il est crucial pour toute organisation de disposer d'un plan de réponse aux incidents bien défini. Un tel plan permet de minimiser les impacts négatifs des cyberattaques et de réagir efficacement pour restaurer les opérations normales. Ce chapitre aborde le développement d'un plan d'intervention en cas d'incident et la mise en place de procédures de sauvegarde et de restauration des données.

Développement d'un Plan d'Intervention en Cas d'Incident

1. **Importance du Plan de Réponse aux Incidents**
   - Un plan de réponse aux incidents fournit des instructions claires sur la manière de réagir en cas de cyberattaque. Il permet de limiter les dégâts, de protéger les données

sensibles et de maintenir la continuité des opérations.

- o La rapidité et l'efficacité de la réponse peuvent faire la différence entre un incident mineur et une crise majeure.

2. **Identification de l'Équipe de Réponse aux Incidents**
    - o **Constitution de l'Équipe** : Formez une équipe dédiée à la réponse aux incidents (IRT) composée de membres clés de divers départements, y compris la sécurité informatique, les technologies de l'information, les ressources humaines, les communications et la direction.
    - o **Rôles et Responsabilités** : Définissez clairement les rôles et responsabilités de chaque membre de l'équipe. Assurez-vous que chacun connaît ses tâches spécifiques en cas d'incident.

3. **Définition des Procédures de Réponse**
    - o **Détection et Identification** : Établissez des procédures pour détecter et identifier

les incidents de sécurité. Utilisez des outils de surveillance et d'alerte pour repérer les activités suspectes en temps réel.

- **Évaluation et Contention** : Évaluez l'ampleur de l'incident et déterminez les mesures de contention nécessaires pour empêcher la propagation de la menace. Cela peut inclure l'isolement des systèmes compromis.
- **Eradication et Récupération** : Développez des procédures pour éliminer la menace et restaurer les systèmes affectés à leur état normal. Assurez-vous que toutes les traces de l'attaque sont supprimées avant de redémarrer les opérations.

4. **Communication et Notification**
   - **Communication Interne** : Établissez des protocoles de communication interne pour informer rapidement l'équipe de réponse et la direction de l'incident.

- **Notification Externe** : Définissez des procédures pour informer les parties externes concernées, telles que les clients, les partenaires commerciaux et les autorités réglementaires, si nécessaire.
5. **Test et Amélioration Continue**
   - **Exercices de Simulation** : Réalisez régulièrement des exercices de simulation d'incidents pour tester l'efficacité du plan de réponse. Identifiez les lacunes et apportez les améliorations nécessaires.
   - **Analyse Post-Incident** : Après chaque incident, effectuez une analyse détaillée pour comprendre ce qui s'est passé et comment la réponse peut être améliorée à l'avenir.

Mise en Place de Procédures de Sauvegarde et de Restauration des Données

1. **Importance des Sauvegardes**

- Les sauvegardes régulières des données sont essentielles pour protéger les informations critiques en cas d'incident de sécurité. Elles permettent de restaurer rapidement les données perdues ou corrompues et de minimiser les interruptions des opérations.
- Les sauvegardes offrent une couche de protection supplémentaire contre des menaces telles que les ransomwares, qui peuvent chiffrer ou détruire les données.

2. **Stratégies de Sauvegarde**
   - **Fréquence des Sauvegardes** : Déterminez une fréquence de sauvegarde adaptée à la criticité des données. Pour les données essentielles, envisagez des sauvegardes quotidiennes ou même plus fréquentes.
   - **Types de Sauvegardes** : Utilisez une combinaison de sauvegardes complètes, incrémentielles et différentielles pour optimiser la protection et la gestion des

données. Les sauvegardes complètes capturent tout le système, tandis que les sauvegardes incrémentielles et différentielles se concentrent sur les modifications depuis la dernière sauvegarde.

3. **Stockage des Sauvegardes**
   - **Sites de Stockage** : Conservez les copies de sauvegarde en plusieurs endroits pour éviter la perte totale en cas de catastrophe sur un site. Utilisez des solutions de stockage hors site et sur le cloud pour une redondance accrue.
   - **Sécurisation des Sauvegardes** : Protégez les sauvegardes avec des techniques de cryptage et des contrôles d'accès stricts pour empêcher les accès non autorisés.

4. **Procédures de Restauration**
   - **Test des Restaurations** : Testez régulièrement les procédures de restauration pour garantir que les données sauvegardées peuvent être récupérées

rapidement et efficacement en cas de besoin. Les tests permettent de valider l'intégrité des sauvegardes et de s'assurer qu'elles répondent aux exigences opérationnelles.

- Documentation des Processus : Documentez en détail les processus de sauvegarde et de restauration, y compris les étapes nécessaires et les contacts clés. Cette documentation doit être facilement accessible à l'équipe de réponse aux incidents.

5. **Formation et Sensibilisation**

- **Formation du Personnel** : Formez les employés responsables des sauvegardes et de la restauration des données sur les procédures et les outils utilisés. Assurez-vous qu'ils comprennent l'importance des sauvegardes régulières et la manière de réagir en cas d'incident.
- **Sensibilisation Continue** : Sensibilisez l'ensemble du personnel à l'importance de

la sauvegarde des données et encouragez
des pratiques de sécurité robustes pour
protéger les informations critiques.

Conclusion

Un plan de réponse aux incidents bien développé et des
procédures de sauvegarde et de restauration des données
sont des éléments clés de la stratégie de cybersécurité
d'une organisation. En identifiant une équipe de réponse
aux incidents, en définissant des procédures claires et en
testant régulièrement le plan, vous pouvez minimiser les
impacts des cyberattaques. De plus, en mettant en place
des sauvegardes régulières et en assurant la possibilité de
restaurer rapidement les données, vous renforcez la
résilience de votre entreprise face aux menaces. Dans les
chapitres suivants, nous aborderons des stratégies
avancées pour la mise en place de politiques de sécurité
robustes et la gestion des risques.

Chapitre 7: Outils et Ressources Recommandés

Introduction

La cybersécurité est une priorité pour toutes les organisations, qu'elles soient grandes ou petites. Utiliser les bons outils peut faire une différence significative dans la protection de vos données et de vos systèmes. Ce chapitre présente une liste d'outils de cybersécurité, à la fois gratuits et payants, ainsi que des ressources en ligne et des cours de formation pour approfondir vos connaissances en matière de cybersécurité.

Antivirus

1. **Norton**
   - **Description** : Norton est un logiciel antivirus payant reconnu pour sa capacité

à détecter et éliminer les malwares, les ransomwares et autres menaces.

- o **Caractéristiques** : Protection en temps réel, pare-feu, gestionnaire de mots de passe et sauvegarde de données.

2. **Bitdefender**
   - o **Description** : Bitdefender offre des solutions antivirus payantes qui combinent une protection robuste avec des fonctionnalités de performance système.
   - o **Caractéristiques** : Protection multicouche, détection des menaces avancées, protection de la vie privée.

3. **Avast (Gratuit)**
   - o **Description** : Avast propose une version gratuite de son antivirus, offrant une protection de base contre les virus et les malwares.
   - o **Caractéristiques** : Analyse en temps réel, protection des réseaux Wi-Fi, gestionnaire de mots de passe.

VPN (Virtual Private Network)

1. **NordVPN**
   - o **Description** : NordVPN est un service VPN payant qui offre une sécurité et une confidentialité renforcées pour votre connexion internet.
   - o **Caractéristiques** : Cryptage de haute qualité, protection contre les fuites DNS, double VPN.
2. **ExpressVPN**
   - o **Description** : ExpressVPN est un autre VPN payant réputé pour sa vitesse et sa sécurité.
   - o **Caractéristiques** : Large couverture de serveurs, politique stricte de non-conservation des logs, cryptage AES-256.
3. **ProtonVPN (Gratuit)**
   - o **Description** : ProtonVPN propose une version gratuite de son service VPN, garantissant une connexion sécurisée et privée.

- **Caractéristiques** : Cryptage fort, politique de non-conservation des logs, accès aux serveurs gratuits.

Gestionnaires de Mots de Passe

1. **LastPass**
   - **Description** : LastPass est un gestionnaire de mots de passe payant qui stocke et protège vos mots de passe.
   - **Caractéristiques** : Authentification à deux facteurs, remplissage automatique des formulaires, partage sécurisé des mots de passe.
2. **1Password**
   - **Description** : 1Password est un gestionnaire de mots de passe payant connu pour sa simplicité et sa sécurité.
   - **Caractéristiques** : Coffre-fort numérique, surveillance des violations de données, authentification biométrique.
3. **Bitwarden (Gratuit)**

- o **Description** : Bitwarden propose une version gratuite de son gestionnaire de mots de passe, offrant une sécurité robuste et une interface conviviale.
- o **Caractéristiques** : Cryptage de bout en bout, synchronisation multi-appareils, partage sécurisé.

Outils de Sauvegarde

1. **Acronis**
   - o **Description** : Acronis est un outil de sauvegarde payant offrant une protection complète des données avec des fonctionnalités avancées.
   - o **Caractéristiques** : Sauvegarde et restauration complètes, protection contre les ransomwares, sauvegarde dans le cloud et sur site.
2. **Backblaze**

- o **Description** : Backblaze est un service de sauvegarde en ligne payant, reconnu pour sa simplicité et son efficacité.
- o **Caractéristiques** : Sauvegarde illimitée, restauration facile, stockage dans le cloud.
3. **Google Drive (Gratuit)**
   - o **Description** : Google Drive offre une solution de sauvegarde gratuite avec un espace de stockage en ligne.
   - o **Caractéristiques** : Stockage et synchronisation des fichiers, collaboration en temps réel, protection intégrée.

Ressources en Ligne et Cours de Formation

1. **Cours de Formation**
   - o **Cybrary** : Offre des cours gratuits et payants en cybersécurité couvrant une large gamme de sujets, des bases aux compétences avancées.
   - o **Udemy** : Propose des cours payants avec des certifications en cybersécurité,

incluant des formations pratiques et des évaluations.

- ○ **Coursera** : Collabore avec des universités et des entreprises pour offrir des cours de cybersécurité gratuits et payants, incluant des spécialisations et des projets pratiques.

2. **Sites Web de Référence**

- ○ **Cybersecurity & Infrastructure Security Agency (CISA)** : Fournit des ressources, des guides et des alertes de sécurité pour aider les entreprises et les individus à se protéger contre les cybermenaces.
- ○ **SANS Institute** : Offre des formations en cybersécurité, des certifications et des recherches approfondies sur les meilleures pratiques et les menaces émergentes.

La sélection des bons outils de cybersécurité et la formation continue sont essentielles pour protéger votre organisation contre les cybermenaces. Les options gratuites et payantes présentées dans ce chapitre offrent une gamme de solutions adaptées à différents besoins et budgets. En utilisant ces ressources, vous pouvez renforcer votre posture de sécurité et rester à jour avec les dernières menaces et technologies de cybersécurité.

Conclusion

La sécurité informatique est une composante essentielle de la gestion d'une petite entreprise à l'ère numérique. En suivant les recommandations de ce guide, vous pourrez renforcer significativement la protection de vos données et de vos systèmes contre les cybermenaces. De l'installation de logiciels antivirus à la mise en place de plans de réponse aux incidents, chaque mesure contribue à une défense globale et robuste.

L'importance de la Continuité

La cybersécurité n'est pas un état statique mais un processus continu. Les menaces évoluent constamment, et il est crucial de rester informé des nouvelles vulnérabilités et des techniques d'attaque. Pour ce faire, engagez-vous à maintenir vos connaissances à jour et à adapter régulièrement vos stratégies de sécurité.

Investir dans la Formation et la Sensibilisation

La sensibilisation et la formation des employés sont des éléments clés pour une cybersécurité efficace. En formant votre personnel sur les bonnes pratiques, les mots de passe sécurisés et la reconnaissance des tentatives de phishing, vous transformez chaque employé en un atout pour la défense de votre entreprise. La culture de la sécurité au sein de votre organisation doit être une priorité continue.

Utiliser les Bons Outils

L'utilisation des bons outils, qu'ils soient gratuits ou payants, est essentielle pour maintenir un niveau de sécurité élevé. De l'antivirus aux VPN en passant par les gestionnaires de mots de passe et les outils de sauvegarde, chaque outil joue un rôle crucial dans la protection de vos actifs numériques. Assurez-vous de choisir les outils qui répondent le mieux à vos besoins spécifiques et de les mettre à jour régulièrement.

Planifier et Tester les Réponses aux Incidents

Un plan de réponse aux incidents bien défini est indispensable pour réagir efficacement aux cyberattaques. Testez et révisez régulièrement votre plan pour vous assurer qu'il reste pertinent face aux nouvelles menaces. Une réponse rapide et coordonnée peut réduire considérablement les impacts d'une cyberattaque et permettre un retour rapide à la normale.

Se Conformer aux Meilleures Pratiques

Enfin, la conformité aux meilleures pratiques de l'industrie et aux régulations en vigueur est essentielle pour une cybersécurité solide. Consultez régulièrement les ressources disponibles, telles que les guides et les formations offerts par des institutions reconnues comme la Cybersecurity & Infrastructure Security Agency (CISA) et le SANS Institute.

Conclusion

La cybersécurité est une responsabilité partagée qui nécessite l'engagement de toute l'entreprise. En intégrant les pratiques décrites dans ce guide et en cultivant une vigilance continue, vous pouvez non seulement protéger votre entreprise contre les menaces actuelles mais aussi vous préparer à affronter les défis futurs. Continuez à vous informer, à former vos employés et à ajuster vos stratégies pour garantir la sécurité et la résilience de votre entreprise face aux cybermenaces.

Annexes

Modèles de Politiques de Sécurité

1. **Politique de Sécurité des Mots de Passe**

   Objectif : Cette politique vise à établir des exigences pour la création, la protection et la gestion des mots de passe afin de protéger les informations sensibles.

   Contenu :

   - Les mots de passe doivent contenir au moins 12 caractères, incluant des lettres majuscules et minuscules, des chiffres et des symboles pour augmenter leur complexité et leur résistance aux attaques de force brute.

- o La rotation régulière des mots de passe, recommandée tous les 90 jours, réduit le risque d'exposition prolongée des identifiants.
- o La non-divulgation des mots de passe est essentielle pour prévenir l'accès non autorisé aux comptes.
- o L'utilisation d'un gestionnaire de mots de passe centralisé facilite la création, la gestion et la sécurisation des identifiants pour tous les employés.

2. **Politique de Sécurité des E-mails**

Objectif : Cette politique vise à protéger les informations sensibles transmises par e-mail et à éviter les attaques de phishing.

Contenu :

- o L'absence de cryptage expose les données sensibles à la surveillance et au vol lors de leur transit par Internet, d'où l'importance

d'utiliser des méthodes de cryptage robustes telles que le protocole SSL/TLS.
- o La vérification des expéditeurs, des liens et des pièces jointes avant de cliquer ou de télécharger réduit le risque d'exposition à des logiciels malveillants ou à des tentatives de phishing.
- o La sensibilisation des employés à la reconnaissance des signaux d'avertissement d'e-mails frauduleux renforce la posture de sécurité de l'entreprise en réduisant les risques d'attaques réussies.

3. **Politique d'Utilisation Acceptable des Ressources Informatiques**

Objectif : Cette politique établit des règles concernant l'utilisation appropriée des systèmes informatiques et des réseaux de l'entreprise.

Contenu :

- o Les ressources informatiques doivent être utilisées uniquement à des fins professionnelles pour prévenir les distractions et réduire les risques associés à une utilisation inappropriée.
- o Le téléchargement de logiciels non autorisés expose l'entreprise à des risques de sécurité, notamment l'injection de logiciels malveillants ou l'exploitation de vulnérabilités.
- o L'accès non autorisé aux systèmes informatiques peut entraîner des pertes de données, des violations de la confidentialité et des dommages à la réputation de l'entreprise, d'où la nécessité de limiter l'accès aux seules personnes autorisées.

Checklists de Vérification de Sécurité

1. **Checklist de Vérification Hebdomadaire**

- o Antivirus : Vérifiez si les logiciels antivirus sont à jour sur tous les appareils et si les analyses ont été effectuées avec succès.
- o Pare-feu : Assurez-vous que le pare-feu est activé et configuré conformément aux meilleures pratiques de sécurité.
- o Mises à jour : Vérifiez que les systèmes d'exploitation et les applications sont à jour avec les derniers correctifs de sécurité pour réduire les risques d'exploitation.
- o Sauvegardes : Effectuez et vérifiez les sauvegardes régulières des données pour garantir leur disponibilité en cas de sinistre.
- o Accès Wi-Fi : Assurez-vous que les réseaux Wi-Fi sont sécurisés avec des mots de passe forts et que seuls les appareils autorisés y ont accès.
- o Utilisation Acceptable des Ressources : Vérifiez si les employés respectent les

règles d'utilisation des ressources informatiques et prenez des mesures correctives en cas de non-conformité.

2. **Checklist de Vérification Mensuelle**
   o Formation : Vérifiez si les employés ont suivi une formation récente en cybersécurité et planifiez des sessions de formation supplémentaires si nécessaire.
   o Phishing : Effectuez des tests de phishing pour évaluer la vigilance des employés et fournissez une formation supplémentaire en cas de résultats insatisfaisants.
   o Plan de Réponse : Testez le plan de réponse aux incidents pour évaluer son efficacité et apportez des ajustements si nécessaire pour améliorer la réactivité de l'entreprise face aux incidents de sécurité.
   o VPN : Vérifiez que les connexions VPN sont sécurisées et fonctionnent correctement pour garantir la confidentialité des communications et la protection des données sensibles.

- o Audit de Sécurité : Effectuez un audit de sécurité pour identifier les vulnérabilités potentielles et mettre en œuvre des mesures correctives pour renforcer la posture de sécurité de l'entreprise.
- o Politique de Sécurité des Mots de Passe : Vérifiez si les mots de passe des utilisateurs respectent les exigences de la politique de sécurité et fournissez une formation supplémentaire si nécessaire pour encourager la conformité.
- o Politique de Sécurité des E-mails : Vérifiez si les employés suivent les directives de la politique de sécurité des e-mails et fournissez des conseils supplémentaires pour renforcer la vigilance contre les attaques de phishing et les e-mails frauduleux.

En utilisant ces modèles de politiques et ces checklists de vérification, vous pouvez établir une base solide pour la sécurité informatique de votre entreprise et maintenir une vigilance constante contre les menaces potentielles.